Inhalt

MES Manufacturing Execution Systems

Kernthesen

Beitrag

Fallbeispiele

Weiterführende Literatur

Impressum

MES Manufacturing Execution Systems

I.Zeilhofer-Ficker

Kernthesen

- MES, Manufacturing Execution Systeme, verbinden verschiedene, heterogene Fertigungsinseln oder -maschinen oder Produktionsprozesse in datentechnischer Hinsicht miteinander.
- Sie bringen die unterschiedlichen Prozessdaten der Automatisierung auf eine gemeinsame Ebene und stellen die Schnittstelle zur kaufmännischen IT-Welt dar.
- Da die technischen Anforderungen zwischen einzelnen Branchen sehr variieren, wird die technische Lösung meist im Baukasten-System aus einzelnen Software-

Modulen für den Kunden bedarfsgerecht zusammengestellt.

Beitrag

Fachleute rechnen für 2002 mit einer leichten Steigerung des Marktes für Informations- und Kommunikationstechnik in Deutschland um ca. 8 %. Dabei geht man davon aus, dass die Primärprozesse Produktion und Fertigungssteuerung zu den Investitions-Schwerpunkten zählen. (1) Laut Schätzungen liegen allein in der Verbesserung von Durchlauf- und Vorbereitungszeiten in der Produktion Einsparpotenziale von über 30 %.

Hier setzen die MES, die Manufacturing Execution Systeme, an. Neben der Verkürzung von Durchlaufzeiten erwartet man von MES Systemen oftmals die Verbesserung der Produktqualität, die Verringerung von Warenbeständen sowie eine Optimierung der Datenkommunikation und Datensammlung durch den Wegfall von manuellen Schreibarbeiten. (2)

Aufgaben des MES

In vielen Produktionsbetrieben wird heute noch klar getrennt zwischen den betriebswirtschaftlichen Datenverarbeitungssystemen der Produktionsplanung (PPS oder APS) oder der Enterprise Resource Planung (ERP) und der Datenverarbeitung der Produktionsautomatisierung. Die Einbindung der operativen Daten aus der Produktion in den gesamten Datenfluss eines Unternehmens ist heute zunehmend Voraussetzung für die wirtschaftliche und technische Optimierung des Informations- und Kommunikationsflusses. Noch überwiegen heterogene, nicht integrierte, dezentrale Fertigungsinseln oder parallel laufende Fertigungsprozesse. Über ein MES können diese Inseln vernetzt, ein Gesamtüberblick über die Produktion eines Werkes, oder in größeren Betrieben über alle Produktionsbereiche eines Unternehmens, hergestellt werden. Durch den Brückenschlag zur Auftragsbearbeitung kann sichergestellt werden, dass die Planung und Feinsteuerung der Produktionsabläufe sowie die Kapazitätsauslastung optimiert werden. Dazu müssen dem MES jederzeit alle Daten aus dem Fertigungsgeschehen, aber auch Planungs- und Auftragsdaten aus der Geschäftswelt online zur Verfügung stehen. Den datentechnischen Zusammenschluss von verschiedenen Maschinen oder Fertigungslinien oder auch von verschiedenen Produktionsprozessen nennt man **horizontale Integration**. Die Vernetzung der Produktionsebene mit den kaufmännischen Applikationen wie Planung (PPS) oder Auftragsabwicklung (ERP oder SCM) wird als **vertikale Integration** bezeichnet. (2)

Die Aufgabe eines MES ist sowohl die horizontale als auch die vertikale Integration. Allerdings unterscheiden sich die Umfänge von Manufacturing Execution Systemen der jeweiligen Anbieter: der eine begrenzt die Funktionalität des MES auf die reine Steuerung der Fertigungseinheit, die Aufzeichnung von Maschinenzuständen und Stillstandszeiten und die Bereitstellung dieser Daten an die nächst höhere IT-Ebene, wogegen der andere gewisse Planungsfunktionen, den Materialtransport der Zwischenprodukte von einer Fertigungsstation zur nächsten sowie die Bereitstellung von Rohmaterial mit einschließt. Fast alle Lösungen bieten Schnittstellen zum Qualitätsmanagement oder zum Instandhaltungsmanagement. (2), (3)

MES im Baukastensystem

Das MES kann also, abhängig vom Anbieter, zusätzlich ganz oder teilweise Aufgaben aus der Automations-, der Planungs- (PPS, APS) oder kaufmännischen Ebene (ERP/SCM) übernehmen. Auf jeden Fall muss das MES eine Schnittstelle zum jeweils nächsten System vorweisen, über die alle relevanten Daten abgerufen und weitergemeldet werden können.

Da die Produktionsprozesse branchenabhängig, teils sogar firmenabhängig äußerst unterschiedlich sind, kann keine Standardsoftware die unterschiedlichen Anforderungen an ein MES erfüllen. Viele Firmen bieten deshalb einzelne Module an, die sich zu einer für den jeweiligen Kunden optimalen Gesamtlösung verbinden lassen. Eine Modifizierung von Standardsystemen auf firmenspezielle Anforderungen erweisen sich oft als zu langwierig und kostenintensiv. (3), (5)

Fallbeispiele

Die Firma Eckelmann Industrieautomation, Wiesbaden, hat auf der Basis von durchgeführten MES-Projekten eine Bibliothek von Softwarekomponenten eingerichtet, auf deren Basis branchen- und anlagenspezifische MES-Lösungen zusammen gestellt werden können. So hat Eckelmann z. B. ein MES für die Fertigung von Schiffsdecks im Großschiffbau installiert, das verschiedene

Fertigungsstationen steuert und auch den Transport der Zwischenprodukte regelt.

Siemens A & D bietet mit dem Automatisierungssystem Totally Integrated Automation (TIA) eine seit Jahren bewährte Lösung, die immer wieder mit neuen Funktionen und Produkten ergänzt wird. Durch die Integration von Simatic IT-Komponenten aus der kaufmännischen Seite ermöglicht Siemens ein kompletters Produktionsmanagement-System. (3)

Problematisch gestaltet sich der Versuch von SAP, die komplette Produktionsplanung für die Fahrzeugmontagewerke von Daimler-Chrysler in Sindelfingen und Rastatt zu optimieren. Durch die komplexen Anforderungen der Fertigung sowie die Notwendigkeit den techologischen Fortschritt zu berücksichtigen, konnte bisher keine befriedigende Branchenlösung entwickelt werden. Nun wurde das Projekt auf das Aggregatewerk in Untertürkheim beschränkt, wo es seine Leistungsfähigkeit unter Beweis stellen soll. (5)

Eine VLB Fachtagung in Bremen widmete sich kürzlich dem Thema MES bei der Brauerei Beck & Co. Dabei wurde die Einführung des MES im Detail vorgestellt. (9)

Die Firma IBS AG hat von der Fa. Skyva International den Auftrag zur Erstellung eines neuen MES-Systems zum Einsatz in Skyvas Internetplattform erhalten. Dabei soll die komplette horizontale und vertikale Integration verwirklicht werden. Die IBS AG hat das Angebot für MES mit dem Management Execution Portfolio erweitert und bietet nun diverse Verbesserungen durch die Möglichkeit zur grafischen Aufbereitung sowie die Einbindung von Multimedia-Datenquellen. (4)

Weitere Anbieter von Manufacturing Execution Systemen (ohne Anspruch auf Vollständigkeit):

Siemens I & S: proCX für Produktionsprozesse z. B. in Brauereien (10)
Wonderware GmbH: FactorySuite für Industrie- und Prozessautomatisierung (11)
CS Engineering AG: CIWOS für Pharma-, Kosmetik- und Chemieindustrie (12)
Propack Data: PMX für Pharma-, Nahrungsmittel- und Kosmetikindustrie (13)
Rockwell Automation: Rockwell Complete Automation Konzept: diverse e-Manufacturing-Tools

(14)
Interschalt: Horizontale und vertikale Automatisierungssysteme (15)
Werum GmbH: PAS-X für pharmazeutische Produktion (16)
ProLeit: Proleit-MES für chargengesteuerte Prozesse (17)
GE Fanuc: Cimplicity HMI für Fahrzeug- und Werkzeugmaschinenindustrie (18)

Weiterführende Literatur

(1) DIEBOLD-Prognose Branchenlösungen treiben das Geschäft mit Standardsoftware, Computer Zeitung, Heft 8/2002, S. 9
aus Lebensmittel Zeitung 22 vom 30.05.2003 Seite 006

(2) Schulz, Thomas, Manufacturing Execution System - Vertikale Integration treibt Wertschöpfung voran, Computer Zeitung, Heft 6/2002, S. 19
aus Lebensmittel Zeitung 22 vom 30.05.2003 Seite 006

(3) Integration als Erfolgsrezept - Automatisierungshorizont erweitert sich, mav maschinen anlagen verfahren, Heft 4, 2002, S. 58
aus Lebensmittel Zeitung 22 vom 30.05.2003 Seite 006

(4) ERP-Telegramme, Movex für E-Collaboration, Computerwoche 15/2002, S. 20
aus Lebensmittel Zeitung 22 vom 30.05.2003 Seite 006

(5) Ziele für gemeinsame Entwicklung wurden deutlich reduziert - SAPs APO genügt Daimler-Anforderungen nicht, Computerwoche 11/2002, S. 12
aus Lebensmittel Zeitung 22 vom 30.05.2003 Seite 006

(6) Brooks, Paul, Datenaustausch zwischen Produktion und Corporate-IT, Computer Zeitung, Heft 6/2002, S. 20
aus Lebensmittel Zeitung 22 vom 30.05.2003 Seite 006

(7) Microsoft .NET im ERP-Einsatz - Interview mit Harald Witte, Vorstandsvorsitzender AP Automation + Productivity AG
aus is report, Heft 4/2002, S. 6

(8) Unternehmen müssen sich öffnen
aus CYbiz Nr. 04 vom 27.03.2002 Seite 020

(9) Manufacturing Execution Systems am Beispiel der Brauerei Beck & Co.
aus Brauwelt, 8/2002, S. 237

(10) Siemens I&S, www.is.siemens.de
aus Brauwelt, 8/2002, S. 237

(11) Wonderware GmbH, www.wonderware.de
aus Brauwelt, 8/2002, S. 237

(12) CS Engineering AG, www.ciwos.com
aus Brauwelt, 8/2002, S. 237

(13) Propack Data, www.propack-data.de
aus Brauwelt, 8/2002, S. 237

(14) Rockwell Automation,
www.rockwellautomation.com
aus Brauwelt, 8/2002, S. 237

(15) Interschalt GmbH, www.interschalt.de
aus Brauwelt, 8/2002, S. 237

(16) Werum GmbH, www.werum.de
aus Brauwelt, 8/2002, S. 237

(17) ProLeit AG, www.proleit.com
aus Brauwelt, 8/2002, S. 237

(18) GE Fanuc, www.gefanuc.de
aus Brauwelt, 8/2002, S. 237

Impressum

MES Manufacturing Execution Systems

Bibliografische Information der deutschen Nationalbibliothek

Die Deutsche Nationalbibliothek verzeichnet diese Publikation in der deutschen Nationalbibliografie; detaillierte bibliografische Daten sind im Internet über http://dnb.d-nb.de abrufbar.

ISBN: 978-3-7379-1015-6

© 2015 GBI-Genios Deutsche Wirtschaftsdatenbank GmbH, Freischützstraße 96, 81927 München, www.genios.de

Alle Rechte vorbehalten. Dieses Werk ist einschließlich aller seiner Teile – z.B. Texte, Tabellen und Grafiken - urheberrechtlich geschützt. Jede Verwertung außerhalb der Grenzen des Urheberrechtsgesetzes bedarf der vorherigen Zustimmung des Verlags. Dies gilt insbesondere auch für auszugsweise Nachdrucke, fotomechanische Vervielfältigungen (Fotokopie/Mikroskopie), Übersetzungen, Auswertungen durch Datenbanken oder ähnliche Einrichtungen und die Einspeicherung und Verarbeitung in elektronischen Systemen.